Sillousoune
Claire Bajen-Castells

La p'tite vache d'Ouessant à la recherche de son trésor

beluga

Aujourd’hui, sur l’île d’Ouessant, l’île où l’amour donne des ailes, tout est calme et serein.

Soudain, un cri strident venant du ciel résonne dans la campagne…

— Oh non ! Mes cornes ! J’ai perdu mes magnifiques cornes ! s’écrie la p’tite vache ailée.

Tous les animaux lèvent la tête
et l’observent virevolter
en pleurant à chaudes larmes.

Il faut dire que Pistache adore faire des loopings dans les airs.

Et s'il lui arrive parfois, tête en bas,
de faire tomber ses cornes...

... elle les rattrape toujours facilement.

Mais cette fois,
elles ont mystérieusement
disparu.

Le p'tit mouton, toujours prêt à aider ses amis,
la rejoint pour la rassurer.

— Pistache, ma très chère Pistache, je t'en prie, ne sois pas si triste.
Atterrissons et cherchons-les ensemble.

La petite vache, reconnaissante et consolée,
lui sourit entre deux sanglots.

Une fois leurs pattes bien posées sur l'île, le p'tit mouton lui dit :

– Allons à la recherche de ta couronne ! Plus vite nous partirons, plus vite nous serons de retour.

Il part déjà d'un pas décidé, mais...

— Tu n'y penses pas ! lui répond-elle en se dissimulant derrière un buisson touffu. Je ne peux sortir sans mes cornes. Elles sont le symbole de ma grande beauté et de mon incroyable élégance !

— Mais alors, comment vais-je faire pour les retrouver ?
Toi seule peux les reconnaître ! répond le p'tit mouton, très embêté par la timidité de son amie.

Pour toute réponse, la p'tite vache baisse la tête d'un air triste. Alors, n'écoutant que son cœur, le p'tit mouton part aussitôt à la recherche du trésor perdu.

– Ne bouge pas, je reviens très vite, la rassure-t-il.

À quelques pas de là, il croise une jolie guirlande d'algues séchées très étonnante, qui ressemble un peu aux cornes de Pistache. Il la rapporte aussitôt.

— Je te remercie, meeeeuh tu vois bien qu'il ne s'agit pas de mes belles cornes !
— Je sais. Cependant, ce bel ornement marin les remplacerait le temps de les retrouver… Ainsi, tu pourrais m'accompagner.

La p'tite vache réfléchit un instant,
puis dépose la guirlande sur sa tête
et s'approche d'une petite flaque pour se regarder.

— Oh ! Mais, c'est charmant ! Bien sûr, ça n'a pas l'allure
de mes incroyables cornes, meeeeuh j'avoue que
ça me va à ravir !

— Oserais-tu sortir de ta cachette à présent ?
interroge le p'tit mouton.
— Avec grand plaisir ! lui répond aussitôt la coquette
qui porte fièrement les couleurs de l'océan sur sa tête.

Alors, le p'tit mouton et la p'tite vache reprennent les recherches, côte à côte, sur un sentier fleuri et rempli des parfums délicieux du printemps.

Quelques instants plus tard, le p'tit mouton, qui avait pris un peu d'avance, stoppe net devant un objet biscornu, d'une bien jolie couleur...
Il s'agit d'une branche tombée d'un cerisier.

– Regarde Pistache ! Cette fois, les voici ! lance fièrement le p'tit mouton, qui broute avec gourmandise de jolies fleurs multicolores.

— Meeeeuh non ! Il ne s'agit pas
de mes splendides cornes ! réplique-t-elle.
Mais je veux bien voir si cette branche
se marie avec la verdure de ma couronne.

Elle pose la branche sur sa tête, saisit un crabe-miroir qui passait par là, et s'admire avec satisfaction.

— Oh, comme c'est élégant ! Ce mélange végétal me va à merveille, même s'il n'égale en rien mes formidables cornes !

Ils reprennent alors les recherches.

Sur le chemin, le p'tit mouton demande à Pistache pourquoi ses cornes ont autant d'importance.

— Quand j'étais petite, j'avais des cornes bien plus courtes que les autres et on se moquait de moi. Ça me rendait triste et je restais seule dans mon coin. Mais, un jour, elles ont commencé à pousser et, rapidement, elles sont devenues magnifiques. Depuis, je me sens pleinement épanouie.
— À présent, je comprends pourquoi elles te sont si précieuses. Alors, en avant ! Trouvons tes cornes !

Après avoir fouillé tous les recoins de l'île, il reste un endroit à explorer : la plage du Prat, leur dernier espoir de revoir les cornes de Pistache...

Malgré leurs efforts, l'espoir les quitte peu à peu.
Rien à droite, rien à gauche...
Tout à coup, le p'tit mouton s'écrie :

— Je les ai ! Je les ai !

La p'tite vache se met à sautiller joyeusement en direction de son sauveur. Mais lorsqu'elle aperçoit les prétendues cornes, elle comprend qu'il ne s'agit en rien de son trésor égaré.

— Cher ami, il te faut des lunettes ! Comment peux-tu confondre un galet biscornu avec ma couronne ? lui lance-t-elle en éclatant de rire.

— Je suis désolé, Pistache, mais avoue que la ressemblance est frappante ! ose le p'tit mouton d'un air penaud.

Soudain, le macareux les rejoint et se pose sur le dos de Pistache.

— Que se passe-t-il, vous deux ? Ça fait un moment que je vous observe, et je me demande bien ce que vous fabriquez !
— Nous cherchons mes cornes ! Meeeeuh nous ne parvenons pas à les retrouver ! Aurais-tu une idée ? lui demande la p'tite vache.

— Sam le morse les a déjà retrouvées dans l'océan, il me semble ! s'exclame le macareux. Nous pourrions lui demander de nous prêter main-forte !

— Impossible ! lance une grosse voix inconnue derrière eux. Sam est parti hier rendre visite à sa famille dans les eaux du grand Nord !

Nos amis se retournent d'un coup pour voir à qui appartient cette voix puissante. C'est alors qu'ils découvrent un oiseau extrêmement rare sur l'île...

Un pélican !

— Bonjour ! Je suis Ferdinand, le pélican. Mais, dites-moi : pourquoi cherchez-vous Sam le morse ? interroge-t-il.

Les amis lui expliquent alors l'histoire des cornes perdues. L'oiseau se gratte la tête, réfléchit un instant, puis commence à extraire de son énorme bec toutes sortes d'objets trouvés sur son chemin : un biniou, un bol, une trottinette, un ballon et même un menhir !

Alice

Puis, tout à coup, il sort les cornes de Pistache !
Le pélican est très fier de les déposer aux sabots de sa nouvelle amie.
Pistache, folle de joie, lui offre en échange la composition végétale qui trônait sur sa tête.
Ferdinand, ravi de ce cadeau coloré, le place aussitôt dans son bec.

— Dis-nous, Ferdinand, comment les cornes de Pistache se sont-elles retrouvées dans ton bec ?
— Oh, c'est très simple. Je volais tranquillement au-dessus de l'océan quand, tout à coup, un énorme poisson est tombé du ciel. Je l'ai gobé tout rond, mais il s'est coincé dans mon gosier. Je l'ai recraché et j'ai compris qu'il ne s'agissait pas d'un poisson… Comme l'objet était joli, j'ai décidé de le conserver et, visiblement, j'ai bien fait !

Pour fêter la bonne nouvelle, tous les animaux de l'île s'envolent ensemble dans le ciel bleu, portés par le vent léger du printemps.

Dans la même collection :

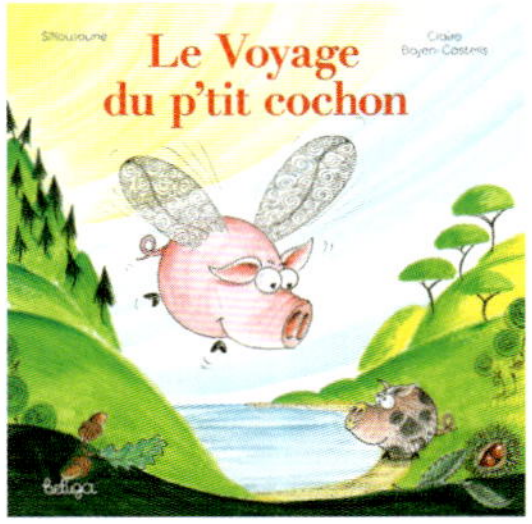

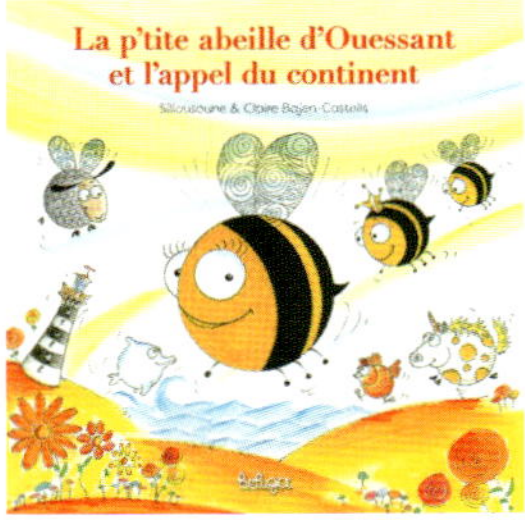

www.beluga-jeunesse.com
www.coop-breizh.fr

ZA Kerangwenn 29540 Spézet/Speied

ISBN : 978-2-37133-274-4
Impression Printcorp (UE)
Photogravure Abers Studio (Brest, 29)
Dépôt légal : 3e trimestre 2021

« Loi n°49-956 du 16 juillet 1949
sur les publications destinées à la jeunesse. »